LES INVISIBLES
DU LEVANT

VKY

ISBN-10 : 1636256929
ISBN-13 : 978-1636256924

Remerciements

Ce travail est le fruit de recherches entamées il y a dix ans, dans la plus grande ignorance de mon sujet. Une quête quant à l'origine de mes ancêtres, un désir, un devoir de mémoire de transmission quant à l'héritage des nôtres.

Merci à Mr. Pinglot pour la correction.

Je dédie cet ouvrage à ma mère, aux femmes de ma lignée maternelle mais surtout à Pia Meta, ancêtre de toutes qui eut bravé l'humiliation, le déracinement, l'arrachement, le traumatisme.

Cet ouvrage est notre victoire.

Je dédie cet ouvrage à Ali Jeddah, à ma famille de Jerusalem, Jihad, Sabreena, Nisrine, aux mamans et mamies, à toutes les communautés noires oubliées du Levant, aux Africains du Maghreb victimes de racisme en raison de la couleur de leur peau.

Je dédie cet ouvrage à Jalal Diab. À Ali Yassine Sekkoumi pour ton soutien constant.

Pour Zineib Griai.

Ce livre est pour tous ceux qui, orientaux ou non, simples curieux ou étudiants, demeurent toujours en quête de vérité et de renouveau.

LES INVISIBLES DU LEVANT

Pour les communautés de Jéricho, Hébron,
Bethléem et Nablus.
Pour les populations natives du bassin
Yarmouk, en Jordanie et en Irak.
En hommage à Jalal Diab.

VKY- Victoria Kabeya est une écrivaine franco-belge née en 1991. Elle est auteure de plus de vingt ouvrages depuis 2015.

Crédits Photos: FromJaipur/Ibtissem

LES INVISIBLES DU LEVANT

INTRODUCTION

Comment se construire lorsqu'on est à la fois descendant d'une population native à une terre et en même temps invisible ? Voilà le défi auquel sont exposés les Noirs originaires de la région du Levant. Les lecteurs, qu'ils soient d'ascendance levantine ou non, s'étonneraient sûrement à la vue de la phrase que j'ai précédemment écrite. En effet, comment pourrait-il y avoir une population native et noire au Levant, surtout en Israël et en Palestine...? Les habitants de la Terre sainte (en tous cas tels qu'ils nous ont été décrits par les médias) ont toujours été présentés par les historiens et les scientifiques comme des hommes et des femmes blanches à la peau brune, porteurs d'un exotisme combattu, mais tolérés, car physiquement proches de l'identité de l'entité coloniale occidentale. En raison de la Traite transatlantique, de la Traite Arabomusulmane et du colonialisme franco-britannique dans la région du Levant, le racisme institutionnel a façonné l'état d'esprit de toute une génération juive et arabe née après ces cataclysmes, et c'est l'image de l'Homme noir qui en a souffert, tant les institutions l'ont déstructuré, dénigré et rangé au rang d'esclave aux phénotypes purement négroïdes .Pourtant, avant la création de l'État d'Israël en 1948, au lendemain de la Deuxième Guerre mondiale, la région avait une histoire. Liée au peuple juif certes, mais aussi à tant d'autres peuples qui étaient là bien avant l'existence de ce dernier. En vérité, la politique négrophobe nourrie par l'Orient et l'Occident s'étend aussi au récit, à la sociologie et à la dissociation orchestrée entre ce qui émane de l'Homme noir et ce qui appartient aux « autres ». En effet, déchu de son statut « digne », le Noir porte encore dans les sociétés arabes une valeur négative. Puisque dans l'imaginaire collectif le Noir est associé au servage, il ne peut avoir, au cours de l'Histoire, dominé des régions, bâti des royaumes et des civilisations, puisqu'il est perçu comme un esclave. Alors, par pur racisme, la présence des Noirs au Levant s'explique uniquement par le drame que fut l'esclavage. Bien que ces derniers ne partagent pas les mêmes phénotypes que les Africains centraux et austraux, ni les musées ni les historiens ne justifient l'existence d'anciennes civilisations aux traits «africains» et cheveux «crépus» que l'on remarque chez les anciens Phéniciens (entre autres). La présence des Noirs à l'Antiquité dans la région est soit niée, soit ouvertement occultée.

Depuis le commencement du conflit israélo-palestinien, les Israéliens modernes sont frappés par un quotidien marqué par la culture de l'immédiat. Submergés par le travail en raison d'une société plongée dans un capitalisme sauvage, ni le peuple israélien ni le gouvernement ne semblent avoir le temps de sortir du contexte de la guerre et de la sécurité afin de se plonger dans le passé. Cette occultation des racines et des périodes historiques précédentes satisfait les groupes ultra-orthodoxes qui vantent la création d'un État-nation israélien. Une trop grande recherche quant aux racines s'avérerait être un exercice périlleux, tant une importante proportion des habitants de l'État hébreu pourrait réaliser qu'en fait ils ne descendent pas des Anciens Juifs bibliques... Une chose qui remettrait en question tout l'argument de l'agenda politique sioniste. Néanmoins, Israël est l'un des seuls pays du Moyen-Orient qui s'est construit sur des paradoxes aussi bien positifs que négatifs et où le peuple a prouvé qu'il existait plusieurs manières de vivre sa judéité. En raison des nombreux mélanges ethniques qui ont explosé dans l'État hébreu, il est possible pour un individu issu d'un milieu multiculturel d'y trouver sa place, et ce, malgré le racisme qui frappe chaque nouvelle génération qui immigre dans ce pays.

Cependant, malgré cette diversité célébrée entre juifs, fort est de constater l'ignorance des Israéliens modernes quant à la connaissance de l'histoire de la région qu'ils habitent. En effet, beaucoup ignorent l'existence d'une population noire native dans leur État. Et ce, non pas uniquement dans les régions un peu plus éloignées en Israël, mais aussi dans des villes plus stratégiques telles que Jérusalem, Eilat, Bersheva ou même Tel-Aviv. Le pays s'est construit rapidement sur un passé occulté et fantomatique, laissant finalement place à un grand mystère. Au fil de l'histoire, la région du Levant fut rattachée à la Méditerranée, aux Ottomans, à l'Asie, à l'Arabie, aux populations du Maghreb d'Afrique du Nord, mais jamais à l'Afrique dite noire. Véritable carrefour culturel et à présent nommée Proche-Orient, elle fut également sujette à des siècles d'occupation, de déplacements de populations, d'exodes et parfois de remplacement de ces mêmes populations. Pourtant, le continent africain demeure littéralement effacé de l'histoire du Levant bien que celui-ci soit son extension géographique, car le pays d'Israël est naturellement assis sur la plaque tectonique africaine. Qu'il s'agisse des autorités religieuses catholiques, juives ou musulmanes, nul ne souhaite attester publiquement de cette existence et de la potentielle présence d'un peuple natif dans le pays. Au sein de la communauté scientifique et de celle des historiens, nous avons été témoins d'une série de falsifications historiques, comme le prouve la découverte de papyrus falsifiés de la mer Rouge exposés au Musée de la Bible et qui jettent un flou permanent. Bien que dotés des meilleures techniques d'analyse, les chercheurs européens et archéologues se voient toujours dans l'incapacité de déterminer avec précision la véritable race des anciens Juifs, hébreux ou même Canaanites. Pourtant, les corps à la fois scientifique et historique s'accordent sur un fait : l'Afrique se doit de demeurer exclue de la région. Aujourd'hui encore, les médias orientaux, qu'il s'agisse de journalisme, de musique ou de fiction, s'inscrivent dans un courant eurocentriste, en conséquence du colonialisme. Par conséquent la quasi-totalité des individus portés en lumière dans ledit «monde arabe» est blanche. Ainsi, cette projection erronée quant à la représentation de l'Oriental aux yeux des étrangers et des Orientaux eux-mêmes se conforme uniquement à l'image d'un seul être, à savoir le Blanc. Aucun livre historique ou religieux ancien ne parle d'Afrique ou d'Africains pour désigner les populations du continent de la Terre mère. Le terme «Afrique» provient de l'arabe «*ifrikiya*» signifiant les côtes nord-africaines, donc celles du Maghreb. L'africanité en tant que telle fut associée aux populations dites négroïdes et donc à une négritude propre aux Africains du centre et du sud. Dans les livres religieux comme la Torah, les écrits ne mentionnent même pas le nom du continent africain. Au contraire, on traitera davantage de la Terre de Ham pour désigner l'Égypte et le Soudan, de Punt pour la Libye ou la Somalie, ou encore de Canaan, selon les différentes interprétations. Ainsi, les habitants de l'Afrique moderne ne sont pas de véritables Africains, mais plutôt les descendants de plusieurs nations, dont les populations ont migré successivement au fil du temps. L'identité africaine est née de l'esclavage et le nationalisme des dérives du colonialisme. Ces périodes affreuses ont malheureusement détruit les spécificités des régions pour les remplacer par la couleur de peau et par une nouvelle identité « africaine ». Avant la Traite, les populations noires n'avaient pas pour habitude de s'appuyer sur l'apparence pour se décrire. Ils se référaient davantage à leurs ethnies ou nations d'origines bafouées par l'absence d'intérêt porté à la culture orale.

La destruction des peuplades fut davantage nourrie par la création de nouveaux États superficiels lors de la Conférence de Berlin scellant le sort du continent en 1884. Là, des milliers d'ethnies déjà affaiblies par l'esclavage ont été soumises aux séparations des frontières. L'idée même de la division des peuples en raison de leur couleur de peau remonte à la période des Lumières, à l'apogée de la crise esclavagiste témoignant de l'expansion des théories suprémacistes. L'un des pères fondateurs de la théorie raciale fut Johann F.

Blumenbach, anthropologue d'origine allemande (1752-1840), l'un des premiers scientifiques à avoir divisé l'humanité à cause du teint de la peau. Bien que le racisme ait toujours existé, Blumenbach crée un système de classification ethnique et scientifique totalement erroné, mais toutefois toujours utilisé par la science médicale moderne. Selon ses thèses, Blumenbach considère que le monde est constitué de cinq races principales : la blanche dite caucasienne, la jaune appelée mongoloïde, la race marron pour l'Asie du Sud-est et les habitants des îles du

Pacifique, la race rouge pour les Natifs des Amériques et pour finir la race éthiopienne (éthiopide ou négroïde) en référence aux subsahariens, niant ainsi les différentes ethnies et particularités des uns et des autres. Profondément suprémaciste, il considérait l'homme caucasien comme appartenant à la race originelle. Ses théories infondées seront par la suite légitimisées par Joseph Arthur de Gobineau qui développera la Théorie de la race aryenne supérieure, comme en atteste l'ouvrage *Essai sur l'Inégalité des Races humaines* publié en 1853 et dans lequel l'auteur se porte en défenseur de la différence raciale. Le racisme scientifique est alors utilisé par les esclavagistes pour justifier leurs crimes coloniaux. La science devient donc une succession de preuves témoignant de ce racisme et de la propagande quant à l'existence d'une race supérieure et inférieure, promue par Houston Stewart Chamberlain, désireux de faire progresser l'ascendance nordique.

Ces idéologies ont toutes favorisé la création d'un système de castes sociales et raciales et sont venues appuyer l'importance des lignées au profit de la couleur. Le Moyen-Orient, au même titre que l'Afrique du Nord, s'inscrit dans un schéma voulu de confusion. La blancheur de ses habitants résulte de la colonisation, des invasions et des viols massifs de populations noires natives reléguées au second plan.

Quant aux populations dites « blanches », en fait elles ne le sont pas. Elles sont métisses et rattachées au concept de la blancheur par pure manipulation. Tout cela est orchestré par des dirigeants européens en déclin sur le plan démographique. Toutefois, le métissage ne retire pas pour autant la lignée. Quand on cherche à la connaître, elle surpasse de loin la couleur qui n'est pas toujours, on l'a vu, le testament d'une véritable conformité quant à la provenance d'un individu. Cet argument de blancheur n'est certainement pas valable au Moyen-Orient et au Maghreb actuellement. En effet, qu'il s'agisse du plus blanc ou du plus noir, chaque habitant porte en lui le sang de l'un et de l'autre. Comment se construire une identité dans une telle invisibilité? Comment se repositionner en tant que natif sur une terre qui est sienne quand celle-ci fut reconstruite et remodelée selon la vision des nouveaux habitants ? Comment survivre tout en évoluant en marge de la société dominante ? Comment se protéger et persister culturellement pendant la guerre ? Entre l'oubli identitaire et culturel et immigration, voici le quotidien vécu par les près de 600 000 Noirs originaires de la région israélo-palestinienne, et donc du Levant. Cet essai a pour but de mettre en lumière l'état sociétal et culturel des populations noires natives de la région israélo-palestinienne, invitant le lecteur à se pencher sur une question identitaire méconnue et sciemment omise pour des raisons politiques.

Du panarabisme ou du rejet des racines noires africaines du Levant

La région du Moyen-Orient n'est rien d'autre que l'extension de l'Afrique du nord est et donc de populations noires aux racines égyptiennes. Soumise à des vagues d'invasions successives de peuples européens et caucasiens, cette origine noire africaine est niée et rejetée par une population moderne métisse, blanchie et t r o u b l é e   p a r   d e s préceptes confus du panarabisme ayant favorisé l'emergence d'une aveuglement des cultures originelles au profit d'un mode de vie arabe péninsulaire. Bien que les pays du Maghreb soient considérés à tort comme des peuples « arabes », tout comme ceux du Levant ou de l'Iran, ces citoyens évoluent au sein même des ruines du colonialisme.

Qu'en était-il de la Palestine ?
La Palestine était une province de la Syrie. Toutefois, la population palestinienne moderne est multiraciale et formée de plusieurs ethnies, certaines métissées car

descendantes d'autochtones noirs et d'autres populations responsables de l'invasion de la région. On trouve parmi ces mélangés des individus aux origines venues de Turquie, de Grèce, des Balkans et de la péninsule arabe. Le peuple palestinien en tant que tel n'est pas mais est devenu, s'étant construit au fil du temps et s'étant forgé dans la culture de la guerre, en raison du rejet subi par les forces israéliennes. L'identité palestinienne quant à elle n'est pas basée sur la race, mais plutôt construite autour d'une culture arabisée. Les Palestiniens modernes, si non métissés, sont les fils de plusieurs populations blanches ayant adopté la culture cananéenne. Toutefois, une distinction entre les peuples noirs indigènes levantins et les ethnies arabes noires doit être établie. Le cas des Noirs Syriens du Bassin Yarmouk atteste de la présence d'une population noire levantine indigène. Ce fait fut avéré et mentionné par Harry Thruston Peck dans le Harpers *Dictionary of Classical Antiquities* datant de 1898. Il y parle alors de « leucosyriens », soit de Syriens blancs, considérés comme des colons étant arrivés au temps des conquêtes assyriennes et successivement soumis à la Perse et à la Macédoine. Ces derniers se sont acculturés aux Nations qu'ils cotoyaient(1). Les Syriens étaient donc divisés en deux catégories. Les Leucosyriens et les Mélanosyriens, le terme « leuco » étant utilisé pour désigner leur blancheur. Les leucosyriens quant à eux provenaient d'Anatolie. Ils furent également soumis à la culture des Grecs de Turquie. William Smith, dans le *Dictionary of Greek and Roman Geography* publié en 1854 propose deux théories quant à l'origine de ces populations.

Celles-ci auraient pu être liées aux Perses qui vivaient en Anatolie avec les Grecs(2). Ces derniers furent perçus comme appartenant à la race caucasienne de souche perse et hittite. Ils seront connus quelques années plus tard comme les « Cappadociens » ou Syriens Blancs.
Selon Smith, les « Leucosyriens » ont été recrutés par l'armée des Pontiques pour chasser les Romains de Sylla et de Pompéi en 86 av J.C. La région israélo-palestinienne fut noire depuis les origines. La négritude n'était alors pas considérée comme une caractéristique étrange mais

plutôt comme le symbole de la nativité. D'un point de vue géographique, l'État d'Israël se place sur la plaque tectonique africaine de l'Afrique du nord est. Pourtant, pour des raisons obscures, la contrée fut longtemps isolée et retirée à une influence noire africaine, dès lors que les populations noires de ces dites régions ont vu leur identités multiples être prises en otage par les ravages du panarabisme visant à la séparer de leur appartenance à la négritude.

Les Natoufiens

Ainsi, les premiers ancêtres à avoir vécu dans la région sont les Natoufiens, les fondateurs des civilisations antiques de la région d'Israël et de Palestine entre -12 500 et -9 500. La civilisation natoufienne est la plus ancienne du Levant. Ces populations n'étaient pas européennes mais probablement les descendants directs des premières vagues d'Africains Cushites Hamites et non pas des peuples noires sémites. Une étude récente publiée par l'Université du Michigan atteste d'un héritage sub-saharien chez les Natoufiens. En vérité, au moment de leur expansion, des mélanges avec d'autres populations voisines et plus blanches prennent déjà place.(3) Il est précisé dans le même article que les Natoufiens n'étaient pas originaires de la région du Niger-Congo mais plutôt d'une autre partie africaine. Nous ne parlons pas ici des Bantous mais des peuples d'Ethiopie du sud, donc les peuples Hamites, ceux de la Corne de l'Afrique constituant les ancêtres des Sémites noirs. (4) Les Natoufiens, fondateurs d'une culture néolithique et probablement l'une des plus anciennes du monde, appartenaient à des groupes sédentaires et semi-sédentaires avant l'introduction de l'agriculture. Aujourd'hui encore, la ville de Jéricho est constituée de preuves mettant en lumière la présence d'un peuple maîtrisant le domaine de l'agriculture.

La culture natoufienne a laissé place à celle de Canaan, qui eut marqué la consolidation des racines africaines de la région du Levant. Au temps de Canaan, la contrée se distingue par la transition entre le milieu et la fin de la période de l'Âge de Bronze. Cependant, elle est considérablement influencée par un autre pouvoir, celui de l'Égypte Antique. Canaan (-3000 et -1100) était une colonie égyptienne où les citoyens jouissaient d'une autonomie et s'auto-gouvernaient.

Sur les plans politique et artistique, elle fut, d'une certaine forme, l'extension du pays des pharaons et l'État d'Israël compte à présent plusieurs preuves des relations entretenues par les deux entités. Une publication datant de 2015 parue dans ARCHEOLOGY MAGAZINE traite de ces relations privilégiées quant à la découverte d'une vieille momie égyptienne datant de près de

3 000 ans. Sur celle-ci furent inscrits les noms des pharaons Tutmosis et Amenhotep (5).

D'autres découvertes surprenantes font état de ces relations étroites entre les deux Nations. Mais les Cananéens ont hérité de leurs connaissances des Natoufiens, ils ne pouvaient oser se comparer au pouvoir égyptien, les pharaons étant bien trop avancés. Toutefois, les deux peuples partageaient un respect mutuel (6). Les Egyptiens furent également influencés par les Cananéens ayant parfois usé de leurs déités(7). En 2008, en Israël, une étude menée par le professeur Yair Ben David de l'université de Tel Aviv affirme que les habitants modernes diffèrent des anciens. C'est par la science et la reconstruction faciale que le professeur démontre que les sujets du Royaume de Judah durant la période du Second Temple se différenciaient quelque peu des habitants modernes. Le crâne d'un mâle datant de la période hellénistique et d'une femme de la période romaine qui furent découverts dans la région de la Mer Rouge sont donc utilisés pour l'étude. Si l'homme ressemble à n'importe quel individu oriental moderne, la femme a des attributs proprement africains. Bien que considérée comme caucasoïde, ses caractéristiques physiques et faciales sont négroïdes(8).

Palestiniens? Israéliens ?

Les auteurs occidentaux et orientaux n'ont jamais cessé d'utiliser l'histoire à des fins coloniales et politiques. Le Proche-Orient a été pendant plusieurs siècles victime d'invasions et de guerres territoriales brutales, le conflit le plus récent étant celui de la Guerre Israelo-Palestinienne. Ainsi, en raison du danger que représente l'avalanche de menaces venues de tous côtés, les gouvernements du Levant, qu'il s'agisse d'Israël ou des autres pays arabes, n'invitent pas leurs concitoyens à explorer un passé plus lointain remontant aux origines initiales de la contrée. Les Levantins sont contraints de vivre dans la culture de l'immédiat en raison d'un état d'alerte politique bien trop puissant.

Pourtant, la présence des 600 000 Noirs répartis en Israël, en Palestine, en Jordanie, au Liban et en Syrie, pose problème aux historiens désireux d'effacer un fait important quant au Moyen-Orient. En effet, la région n'est rien d'autre qu'une création géographique coloniale moderne. Et elle vise à dissimuler la preuve véritable que cet espace fut en réalité le prolongement de l'Afrique du Nord-est. Dans un contexte post-esclavagiste et colonial dont la déshumanisation du Noir est nourrie, il est important de noter que l'appellation Proche-Orient ou Moyen-Orient veut créer une distance entre le passé nord-est africain et le monde moderne. Cet essai n'a pas pour but de nourrir le racisme ou d'établir des discriminations. Il nous invite simplement à nous pencher sur les réalités sans chercher à mettre en lumière une vision afro-centriste. Le livre de la Torah, dans l'Ancien Testament, véritable source géographique pour les chercheurs, traite de l'histoire et de la création des Nations telles que le Dieu des Hébreux les a conçues. On y parle alors du premier Adam, de la première Eve, père et mère de l'humanité, mais surtout de la repopulation terrestre après le déluge. Ainsi, Noah, bâtisseur de l'Arche a enfanté trois fils, Shem, Ham — ou Cham — et Japhet. Le premier, Shem, a donné naissance aux Sémites. Le deuxième, Ham (que les colons et esclavagistes juifs et chrétiens accuseront d'être devenu noir à la suite d'une malédiction divine), est connu comme l'ancêtre des nations noires africaines. Puis enfin Japhet, est celui des populations dites européennes (ou asiatiques selon certaines sources(9).

Si la couleur de leur peau n'est pas spécifiée, nous comprenons alors que ce récit biblique universel entre en corrélation avec la science. Récemment, le journal scientifique anglophone *Nature* a publié les résultats d'une étude indiquant que l'ancêtre de l'homme moderne est né et a évolué au Botswana avant de migrer en dehors de l'Afrique*. Cette vérité scientifique montre alors que ce continent était la souche commune à tous les peuples du monde. Donc les fils de Noah ne pouvaient être que Noirs, donnant par la suite naissance à différentes couleurs et nations. Ainsi, puisque la couleur de peau n'est pas spécifiée, l'auteur de cette étude a préféré indiquer l'origine raciale/ethnique de chaque fils de Noah par le biais des lignées ou des nations auxquelles ces derniers ont appartenu. Alors, même si chaque peuple fut parfois originaire de la même région, tous migrèrent pour développer leurs propres nouvelles cultures. Au temps de la Création divine, le Moyen-Orient n'existait pas. Cette région du monde était la terre de Canaan et ses habitants étaient appelés Canaanites. Et c'est dans l'Afrique du Nord-Est encore noire (car précédant les invasions asiatiques des peuples turcs) que les différentes ethnies canaanites ont trouvé leurs origines. En effet, selon la légende hébraïque, Ham mit au monde quatre fils, parmi lesquels Mizri (Égypte, Haute et Basse-Égypte) — d'ailleurs, la

Torah affirme que l'Égypte se trouve en terre de Ham dans *le Livre des Psaumes 105:23-27* — puis vient Cush (ou Kush) qui représente le Soudan (nord et sud), ensuite Phut (ou Punt) qui serait tantôt la Libye, tantôt la Corne de l'Afrique, et enfin Canaan qui est la région du Levant. Le récit biblique nous indique donc de manière imagée que les quatre peuples ont les mêmes racines africaines du nord-est. Cependant, la falsification historique soutenue par la politique de distanciation géographique du passé africain a changé la logique de l'homme de la société moderne. En effet, de nos jours, les médias en tous genres ont façonné notre esprit en nous ayant laissés penser à tort que l'Afrique n'a jamais fait partie de l'histoire du monde arabe. La Péninsule arabique et le Levant étant des extensions africaines, les deux régions étaient rattachées et ses habitants ne faisaient qu'un. La distance idéologique quant à la séparation de la péninsule arabique et du Levant de l'Afrique s'est réellement opérée lors de la colonisation de la région par les forces occidentales et turques.

La plus grande présence africaine trouvée dans la région du Levant provient de l'Égypte antique alors noire (car non envahie) et du Soudan. Contrairement à ce que les égyptologues affirment, la civilisation soudanaise a très longuement précédé celle de l'Egypte Antique. En vérité, les Anciens Égyptiens reconnaissaient avec fierté que leurs racines et que les origines de leurs civilisations se trouvaient dans les profondeurs du Soudan. Cette affirmation consolide ainsi le récit biblique qui atteste de la fraternité des fils de Cham-Ham. Les historiens africains et européens ont reconnu que les pyramides construites durant l'époque nubienne précédaient celles de l'Égypte de près de 2 000 ans. Les migrations entre les deux peuples n'ont jamais cessé d'exister depuis la nuit des temps. C'est donc du Soudan que l'Égypte tient sa puissance architecturale unique. Toutefois, le pouvoir égyptien était avant tout une civilisation qui brillait par sa puissance militaire et par ses conquêtes. Ainsi, à l'époque où le Moyen-Orient était encore l'Égypte (donc l'Afrique), Canaan était l'extension du royaume des pharaons. Dans un article publié en 1997 par la revue archéologique *Archaeology*, le journaliste Andrew Kasdan faisait état de la découverte de plusieurs tombes égyptiennes en Israël moderne, précisément à Tel Halif dans la région du Negev et datant de l'an 3000 avant Jésus-Christ, attestant de la présence de cette colonisation égyptienne(10).

C'est à Canaan que les premières populations égyptiennes s'établirent. L'une des plus fameuses était celle des Philistins, ennemis jurés des Israélites.

LES INVISIBLES DU LEVANT

L'Égypte donna aussi naissance à un nouveau peuple qui contrôla la mer Méditerranée et domina jusqu'en Espagne. Il s'agissait là des Phéniciens. Longtemps victimes du blanchiment historique, ceux que l'on a décrits comme les ancêtres des Libanais actuels étaient bel et bien des enfants de l'Afrique du Nord-est et donc de l'Égypte. Les arts phéniciens mettaient en lumière une influence clairement égyptienne que les historiens falsificateurs ont tenté de réhabiliter en les remplaçant par la figure de Phéniciens à la peau blanche.

LES INVISIBLES DU LEVANT

En vérité, les anciens Phéniciens avaient pour coutume de conquérir les côtes voisines et d'accepter au sein de leur culture les populations étrangères qui, à leur tour, s'affublaient de leurs costumes traditionnels et de leurs coiffes. La région du Levant voyait donc défiler plusieurs peuples africains distincts proposant chacun sa propre culture avant le début des invasions venues d'Asie centrale et de l'Europe du sud. Les Noirs de la région du Levant, contrairement aux habitants noirs arabes de la péninsule Arabique, souffraient d'une perte identitaire.

Communément appelées « Afro-Levantins », les populations modernes avaient réussi à leur enseigner qu'ils étaient venus d'ailleurs et que leur présence dans la région était récente. Ces derniers pensaient à tort être des descendants d'esclaves, mais ce n'était qu'un mensonge. Car comme nous l'avons vu précédemment, le Levant et la péninsule Arabique étaient l'extension de l'Afrique du Nord-est. Les populations noires présentes dans les pays arabes sont donc souvent les descendants directs des différents peuples nord-africains qui se sont installés là. Il est alors très fréquent et commun, lorsqu'interrogés sur leur ascendance, d'entendre les Afro-Jordaniens (Afro-Syriens et même les Bédouins du Negev), clamer une origine égyptienne nubienne de la région d'Aswan, du Chad et du Soudan. Et la langue hébraïque moderne confirme cette dernière puisque dans l'hébreu moderne, le terme usé pour décrire une personne noire est « kushi »(11). Il est considéré comme péjoratif et comme l'équivalent de « nègre » en français. Pourtant, bien que raciste, il renvoie à une réalité historique véridique : l'ascendance cushitique/soudanaise des premiers habitants de la région. Les Afro-Levantins sont donc les descendants de plusieurs brassages noirs, fruits des habitants de Canaan, des Anciens Hébreux, des Anciens Juifs, des Philistins, des Phéniciens, des Berbères nord-africains, d'Anciens Égyptiens, des Soudanais, des Arabes venus de la péninsule Arabique, fils de la lignée d'Ishmail à l'image des Bédouins du Negev et des Anciens Éthiopiens. Ces derniers vivaient au-delà des frontières égyptiennes et étaient même parvenus à atteindre la région gréco-turque. Il y a donc eu plusieurs vagues d'immigration d'Afrique du Nord-est en terre de Canaan qui précédaient les premières vagues d'esclaves ouest-africains importés dans la région vers le 7e siècle. En conséquence, il est absolument incorrect et faux d'affirmer que la présence noire au Levant est due à l'esclavage. Il s'agit là d'une tentative mensongère de camoufler les identités plurielles des habitants et de les reléguer au troisième rang social.

Encore aujourd'hui, face à un tel racisme historique, ils ne sont pas autorisés à revendiquer nos racines anciennes sans être qualifiés de menteurs. Dans le monde arabo-juif, le Noir est souvent perçu comme un être étant dépourvu d'une histoire forte. Il apparaît au sein des populations arabes comme un individu inférieur ne méritant aucun respect. La falsification historique s'avère donc être une grande violence coloniale brutale ayant favorisé la perte culturelle des populations afro-levantines. Celles-ci, en raison du panarabisme, portent de nouvelles identités leur étant totalement étrangères, à l'image de celle de la

Palestinienne. Pour les populations noires natives de la région israélo-palestinienne, il n'y a jamais eu de Palestine ou d'Israël, mais bel et bien une région autrefois appelée Canaan. Pourtant, les descendants de cette civilisation à présent disparue sont perçus comme des étrangers bien que vivant sur leurs propres terres. Cette ignorance dans laquelle sont plongés ces noirs oubliés est la conséquence d'une entreprise purement raciste et négrophobe orchestrée par différentes autorités politiques dirigeant la région.

L'esclavage transatlantique a été une période cruciale quant à la généralisation de la confusion historique mondiale. La science moderne occidentale s'étant basée sur le racisme scientifique censé appuyer la domination blanche et le mépris des autres. Elle s'est aussi exportée au Moyen-Orient. Bien qu'ayant été envahie à de nombreuses reprises, cette partie du monde a vu son histoire quelque peu exclue de l'héritage colonial, comme connu et vécue en Afrique et en Asie. Tout comme n'importe quelle partie du monde soumise à la domination occidentale, les

Orientaux portent en eux le conflit identitaire interne mêlé à une obsession de blancheur. Les Levantins, victimes de nombreuses falsifications historiques, pensent à tort que les anciens habitants du Proche-Orient ont été des Européens, projetant ainsi leur désir d'appartenance au-delà de leur imaginaire. Les populations du Moyen-Orient sont le pur produit du racisme institutionnel soutenu par les diverses autorités religieuses et politiques, juives, musulmanes et catholiques, ainsi que d'idéologies telles que le sionisme ou le panarabisme qui ont encouragé la destruction des particularités identitaires au profit de la promotion d'une propagande politique nocive.Véritable carrefour, le Proche-Orient fut étranger à la paix. Là, différentes populations se sont opposées au fil des siècles, accentuant encore la confusion quant à l'identité des habitants de la contrée, les uns remplaçant successivement les autres.

Le Noir natif de Palestine voit ainsi son statut déshumanisé par les populations arabes blanches palestiniennes et demeure quasi invisible du côté israélien.

Qu'il soit descendant d'esclaves ou non, il est donc pris au piège entre deux nouvelles entités politiques fondées sans son accord ou sa reconnaissance. Bien que présent depuis des siècles, il a été forcé d'être englobé au sein d'une masse arabe ou juive, réfractaire à la pluralité identitaire et le maintenant dans un silence.

L'exclusion du Noir prend racine dans la Traite arabe. Même si la négritude et l'arabité sont reconnues par les habitants de la péninsule arabique, elle ne s'applique pas de la même manière envers les noirs du Levant. En effet, s'ils n'ont pas fui en raison des invasions blanches d'Asie centrale des peuples turcs, ils ont fini blanchis en raison des viols ou se sont retrouvés tout simplement exclus de la vie sociale. Si les Levantins blancs ne nient pas leur présence, ces natifs noirs sont étranges. En effet, les traites esclavagistes successives, parmi les autres troubles historiques, ont laissé place à une confusion perçue comme une satisfaction pour l'autorité catholique politique en charge de nombreux sites religieux dans la région. L'identité levantine moderne ne laisse pas place à la négritude. S'il y a des noirs dans la sphère, ces derniers ne peuvent être reconnus comme natifs selon leur logos, la nativité devant être blanche. Les populations modernes ont été portées au sommet de l'authenticité identitaire au détriment des noirs, croupissant dans les ténèbres de leur héritage. Pourtant, le Noir du Levant existe puisqu'il vient d'un ailleurs, mais il est, aux yeux des autres, un maillon extérieur. L'alternative raciste et fausse justifiant leur présence dans cette partie du monde est expliquée par l'esclavage et par l'arrivée de sujets en provenance de l'Afrique de l'ouest, bien que, comme on l'a vu, la présence des peuples noirs précédait en fait leur arrivée.

Ainsi, s'ils ne proviennent pas de l'esclavage, c'est donc qu'ils sont les descendants de marchands arabes originaires du Tchad et du Soudan. Mais là encore, cet argument est fallacieux dès lors que le Noir indigène de Palestine n'est pas le produit d'un seul monde (ou d'une seule Nation africaine). Le Levant, autrefois appelé Canaan, fut peuplé par différentes populations noires aux origines diverses ayant été dispersées à la suite d'invasions grecques, romaines, puis de peuples turcs et arabes. Puisque le Proche-Orient a été l'extension de l'Égypte antique. Une partie conséquente des peuples noirs qui s'y trouvent à présent sont donc les descendants de ceux qui refusèrent de quitter la région durant les invasions étrangères quand les autres ont fui pour l'intérieur de l'Afrique. Ces derniers se sont dispersés entre le Tchad, le Soudan, l'Égypte, au Maghreb, l'Afrique de l'Ouest par le biais de la ceinture du Sahel, mais surtout la Corne de l'Afrique. Ces Natifs sont le testament d'une période oubliée par la population moderne et métissée.

Le Noir palestinien n'appartient pas à la Palestine. Il la précède. Retiré à sa culture en raison de siècles d'invasions et de tourments, il erre dans sa région d'origine, sans même se souvenir de son héritage. Était-il Juif, Hébreu, Araméen, Assyrien ou même Arabe? Le colonialisme occidental, arabe et israélien, lui a attribué une identité qui n'a jamais été la sienne et à laquelle, en raison de bon nombre d'années d'exclusion, il s'accroche encore. L'identité palestinienne fut non seulement construite et forgée suite au début de la période coloniale anglo-israélienne en 1947, mais elle s'étend désormais à tous les individus qui n'entrent pas dans la case israélienne. La nationalité palestinienne s'applique de fait à l'autre.

Dans ce système d'oppression, le Noir palestinien est victime d'un oubli insultant. Face aux méandres de la guerre, il n'existe pas et ne suscite pas la moindre compassion d'autrui. Si l'on pouvait penser que le statut d'exploité du Palestinien blanc lui conférerait un peu d'apitoiement vis-à-vis du Palestinien Noir, dans les faits il n'en est rien. Le Palestinien est un raciste négrophobe par essence. S'il ne le confesse pas par les mots, il le démontre par son attitude. Le Noir a vu son image se déshumaniser au fil du temps en raison de la Traite arabe qui fit de lui un être amoindri. Des penseurs musulmans tels qu'Ibn Khaldoun ont usé de leurs écrits pour valoriser cette destitution du Noir(12). En ce sens, le Noir palestinien est vu comme un étranger, une sorte de sous-être humain, et ce, bien qu'il ait été présent dans la région depuis des siècles. Face à lui, il y a le racisme du Palestinien blanc qui s'exprime constamment par des insultes (le qualifiant d'«esclave» par exemple), intervient dans l'interdiction de mariages mixtes ou prône le silence quand il s'agit d'actes racistes. De ce fait, il a su faire de sa communauté le seul visage véritable de la soumission. En vérité, face au Noir, il est à lui seul un oppresseur brutal. Ainsi, ce dernier se voit davantage esseulé, abandonné, car victime d'une double oppression, à la fois de la part des Israéliens et des Blancs palestiniens qui le méprisent. Mais cette violence ne s'arrête pas là puisque le Noir est un fort outil politique facilement manipulable par le pouvoir arabe palestinien et par les résistants pour la cause palestinienne. Reléguée au dernier plan par l'histoire en raison de l'esclavage, sa condition misérable permet de rassembler les foules. Il est utilisé pour renforcer les rangs de l'armée lors des rébellions contre Israël et pour se rapprocher des autres noirs de la sphère occidentale afin de les manipuler (à l'image des Afro-Américains). En comparant la cause palestinienne à celle des noirs américains, les activistes palestiniens arabes sont aussitôt devenus les porte-paroles de la défense de leur cause, tout en omettant sciemment de dénoncer le racisme anti-noir institutionnel. Depuis près de quarante ans, les conversations tournant autour du conflit israélo-palestinien s'avèrent houleuses. La guerre est devenue sacrée auprès de la caste politique d'extrême gauche qui, hypocrite et sélective dans ses combats, se réapproprie une conscience humaniste en appelant au boycott d'Israël, tout en soutenant des mesures politiques atlantistes. Ces étrangers, adeptes du fantasme et n'ayant jamais vécu les réalités du monde qu'ils méprisent au même titre que les autres politiciens qu'ils feignent de combattre, jouissent d'une situation confortable, car ils sont issus d'un milieu bourgeois et prospère. En effet, étant issus de la sphère occidentale européenne, leur position géographique leur garantit une supériorité quant à l'expression de leurs idées. Pourtant celles-ci, biaisées, nourrissent une vision manichéenne portant Israël dans le mauvais camp et la Palestine dans celui des opprimés.

Affirmant lutter contre l'exclusion des peuples et bien que choisissant les pays qu'ils défendent, les critiques du conflit (qu'ils soient Juifs, français, sionistes ou pro-Palestiniens de gauche), ont fait de la région israélo-palestinienne un espace de retrait construit autour d'une dualité simpliste. Tous les habitants seraient d'une part des descendants de colons juifs blancs et d'autre part un peuple palestinien arabe natif laissant de côté toutes les autres minorités. Citons parmi elles : les citoyens noirs indigènes Afro-Palestiniens, quelques lignées de Noirs juifs présents dans la région, les Arabes d'Israël, les Druzes, les Samaritains, les Bédouins noirs du Negev et de Ber Sheeva, les Juifs éthiopiens, les chrétiens palestiniens, les immigrés soudanais ou encore les Arméniens chrétiens orthodoxes qui vivent là depuis des siècles.

Ces différentes populations particulières précèdent, dans certains cas, l'arrivée des Juifs et des Palestiniens. D'ailleurs il faut noter qu'une grande partie des Palestiniens arabes blancs n'a jamais été native du pays. Même s'ils peuvent être quelques fois les descendants métissés des anciennes populations cananéennes, le Palestinien moderne est un descendant de migrants venus du Liban, de Syrie, du Maghreb, d'Arabie Saoudite, d'Azerbaïdjan, du Yémen, de Turquie ou de la Libye, vivant là depuis quelques générations.

Ainsi, l'identité palestinienne n'a jamais été une identité native en tant que telle, mais une fabrication nationaliste, panarabe, formée pour contrer l'envahisseur israélien. Les Palestiniens ont donc en commun une culture qu'ils ont su former. Mais ils ont avant tout réussi à usurper le statut de natif des populations noires en les opprimant et les maintenant sciemment dans le silence au même titre que les Israéliens. Les Noirs palestiniens sont donc les seuls à pouvoir s'exprimer avec légitimité sur le vol de leurs terres, et ils sont ceux contre qui les

Palestiniens blancs ont imposé un apartheid reproché à celui des Israéliens.

Pour les Afro-Palestiniens, la guerre est une violence aussi bien sur le plan physique, moral et identitaire. Ils ont versé leur sang et donné leur vie pour défendre la patrie palestinienne lors des plus grands conflits, mais ont été remerciés par l'invisibilité. Cette communauté complexe s'est soumise par contrainte, rejoignant le camp des opprimés des Palestiniens blancs face à la folie de l'apartheid israélien et de la pression du pouvoir sioniste.

La région a toutefois laissé place par le passé à une très forte pluralité identitaire. En effet, les anciennes populations n'ont jamais été forcées d'entrer dans un seul bloc. Celles-ci avaient le choix de vivre leur identité autrement en acceptant les intersectionnalités. Des Hébreux tels que les Amorites furent autrefois polythéistes quand d'autres furent animistes. Dans toute cette zone, régnait une grande liberté de soi, aujourd'hui brisée par les politiques néocoloniales israéliennes, Arabes et chrétiennes occidentales imposées au fil des années. À présent, le Noir palestinien (pourtant pluriel par essence), est devenu un mort-vivant ignorant tout de son passé et des temps anciens, bien qu'il soit le gardien d'un grand héritage. Il est donc frappé par la perte identitaire en raison des invasions successives. Ignorant tout de ses racines, il s'est alors identifié à ceux qui l'ont supplanté. Bien que traités comme des Palestiniens, ils n'ont jamais été reconnus comme tels. Ce sont des descendants de plusieurs populations antiques telles que les Arabes, les Philistins, les Phéniciens, les Juifs, les Hébreux ou encore les Kushites qui dominèrent la région. Toutefois, ces identités plurielles et si riches ont été gommées au profit d'un conformisme palestinien imposé. Tous ne sont pas Arabes, mais plutôt issus de différentes lignées anciennes oubliées dans l'histoire. Ainsi, bien qu'étant originaires de certaines villes comme Jéricho, Hébron ou encore Nablus, leur quotidien a été rythmé par le conflit et la perte identitaire. Ils sont donc désormais dans l'obligation de se construire dans des cases, devenant ainsi Noirs, Arabes, musulmans et Palestiniens. Pour les Israéliens, ils sont des ennemis, mais, étant de couleur noire, ils ne représentent pas une réelle menace, car ils sont invisibles à leurs yeux.

Le gouvernement israélien ne sait tout simplement pas comment les classifier et les Palestiniens, prisonniers de leur négrophobie culturelle, les considèrent comme plus bas que terre, par racisme. Leur présence serait aussi susceptible de remettre leur statut de victimes en question, une étiquette à laquelle les activistes palestiniens de l'étranger s'accrochent. Ils trouvent donc quelque part leur intérêt dans le maintien de cette invisibilité. Les Afro-Palestiniens sont à la fois victimes de falsifications historiques et d'actes racistes constants. Ils sont avant tout les premiers prisonniers dont aucun journaliste occidental ne s'intéresse, car ils n'entrent pas dans le schéma victimaire recherché. Ils ont une condition particulière qui ne remplit pas les cases établies par les historiens. Leur présence démontre qu'il est quasi impossible de n'appartenir qu'à une seule catégorie et que bien au contraire, les populations de la région sont le croisement de plusieurs lignées identitaires, culturelles et même religieuses. La guerre en elle-même est une absurdité dès lors que deux entités nouvelles et récemment immigrées s'affrontent pour imposer leur vision à d'autres minorités déjà présentes bien avant eux. En ce sens, les mouvements de lutte ne proviennent pas de peuples anciennement ancrés sur le territoire puisqu'ils sont nourris par des populations nouvelles s'opposant pour des intérêts politiques et non religieux. Mais durant cette guerre, l'invisibilité est surtout la caractéristique la plus marquante qui brise les individus, puisque personne n'a conscience de leur existence. Ils ne sont même pas mentionnés dans les livres d'histoire. Pourtant, ils sont bien sur leurs terres.

Les Afro-Palestiniens ont été donc les spectateurs des invasions et de la reconstruction de leur pays, sans jamais avoir été consultés.

Qu'en est-il des Bédouins du Negev, côté israélien?

Le cas des habitants du Negev diffère de celui des Palestiniens noirs. En effet, les Bédouins ont su préserver leur héritage et eux connaissent leurs racines. Lucides, c'est avec une certaine logique qu'ils ont accepté de vivre avec cet héritage. Se revendiquant comme des descendants d'Ismaélites, ils ne font pas face aux mêmes problèmes identitaires que les Afro-Palestiniens, prisonniers de la leur.

Les Bédouins noirs sont les maîtres de leur culture, et jouissent d'un avantage : celui d'avoir su protéger leur environnement désertique qui est leur principal espace vital. Bien que confrontés à des problèmes de déplacements du territoire, les Bédouins n'ont jamais cherché à imposer leur vision du monde à l'autorité israélienne. Présents depuis des temps immémoriaux, ils savent que la région fut non seulement un carrefour multiculturel, mais surtout un lieu de conflit et d'invasions successives auxquelles ils ont su résister. Les Bédouins du Negev constituent désormais la mosaïque pluriculturelle de l'état israélien, et ces derniers ne souffrent pas du même problème d'invisibilité que leurs semblables en Palestine. Les Bédouins noirs possèdent encore les documents prouvant que les terres leur appartiennent. De plus, leurs enfants servent dans l'armée du Tsahal. La particularité d'Israël tient du fait que les citoyens reconnaissent pleinement être de nouveaux arrivants. En ce sens, le peuple israélien n'est pas réfractaire à l'idée de l'existence d'un peuple autochtone. Il est donc plus facile à un Noir issu de la sphère israélienne de s'exprimer et de se révolter quant à la condition évoluant dans un espace reconnaissant l'existence d'un monde avant 1947.

De l'hypocrisie des activistes propalestiniens

La sphère politique à laquelle appartiennent les Noirs palestiniens, en raison du courant idéologique dominant, ne laisse presque aucune place à la liberté de penser. En ce sens, et peu importent nos origines diverses (qu'elles soient perses, marocaines, jordaniennes ou même saoudiennes), les individus sont programmés pour adopter une vision politique manichéenne visant à nourrir la haine d'Israël, sans jamais encourager autrui à se pencher sur les autres aspects de l'oppression.

Si l'État hébreu s'est démarqué par sa violence gouvernementale quant à la politique étrangère, l'oppression palestinienne n'a jamais été explorée. Tout d'abord, il est important de rappeler qu'Israël n'a pas atteint le stade de la perfection. Jeune pays, le racisme a été l'une des sources les plus nocives attachées à l'expérience migratoire. En effet, chaque nouveau groupe ethnique ayant migré dans l'état hébraïque a dû faire face à un rejet ethnoracial que les membres ont dû combattre avant d'être embrassés comme des citoyens à part entière. Et cette brutalité migratoire n'est pas exclusive à Israël. Les migrants africains que l'on retrouve noyés dans la mer Méditerranée ne subissent-ils pas l'extrême rejet? Et l'anxiété éprouvée par les sans-papiers face à l'administration du pays européen où ils résident clandestinement n'est-elle pas une souffrance en elle-même? Les cas récents de migrants venus d'Amérique centrale et détenus dans des camps de prisonniers aux États-Unis ne sont-ils pas des exemples de violence par excellence de la part de la plus grande puissance mondiale? Malgré tout, ces violences diverses ne découragent pas les activistes propalestiniens à se rendre en Amérique ou à bien à vivre et payer leurs impôts en Europe, soit dans des Nations bâties sur le colonialisme africain. Pourtant, bien que le gouvernement israélien ait commis bon nombre de crimes, il n'est pas un État plus raciste qu'un autre. Pas plus raciste par exemple que les États-Unis qui ont construit leur prospérité sur l'esclavage et le génocide des Amérindiens, et dont le système fédéral perpétue une politique raciste et criminelle à l'égard des noirs victimes de violences policières et d'incarcérations massives. Pas plus raciste non plus que la Belgique qui a bâti sa fortune sur l'esclavage au Congo, et non plus cruel que le silence suisse, face à la neutralité politique sélective. Les antisionistes et donc propalestiniens font preuve d'hypocrisie dès lors qu'ils disent vouloir combattre un État présenté comme hostile tout en en choisissant les causes qui les indignent. La région des Grands Lacs en Afrique est pourtant morcelée et détruite par l'ingérence occidentale. Mais les millions de morts qui en résultent n'émeuvent pas les proPalestiniens qui, obsédés par le sort des Gazaouis, mettent certaines causes politiques en lumière selon leurs intérêts personnels.

Israël est cet État haï et quiconque tenterait de chercher à comprendre les contradictions qui le constituent serait qualifié de sioniste. Or, les mêmes anti-Israéliens qui visent à dénoncer les crimes de guerre commis évoluent dans des pays européens ou américains où les gouvernements ont nourri la guerre et les exactions dans leurs Nations d'origines. En ce sens, il est impossible d'appliquer une vision manichéenne dans le contexte israélo-palestinien. En effet, il ne s'agit pas d'un seul groupe qui oppresse et en broie un autre, mais de plusieurs groupes ethniques qui se suppriment les uns et les autres, la plus grande victime étant le Noir. Cependant, les Noirs palestiniens et les Noirs juifs ne se ressemblent en rien et ne font pas face au même degré de rejet de la part de l'entité dirigeante.

En vérité, les Noirs natifs du monde arabo-juif ne peuvent être dans l'obligation de prendre parti face à un problème qui concerne des juifs et des Arabes blancs en premier lieu, étant pour la plupart des migrants non natifs de la région. Aucun Israélien moderne ne pourrait retracer avec exactitude l'ascendance hébraïque d'où il serait originaire. Aucun Palestinien arabe ne peut assurer que ses ancêtres aient été de purs Cananéens quand la Palestine était une région de la Syrie. Tous ces éléments remettent en cause le récit officiel cherchant à faire du Palestinien blanc un natif par excellence.

La mentalité propalestinienne relève avant tout du romantisme d'une indignation sociopolitique sélective. Ainsi, en raison de ce fantasme palestinien salvateur et vendeur, les activistes sont absorbés par la manipulation des émotions et ne parviennent donc pas à prendre de la distance pour comprendre que les enjeux sont bien plus complexes qu'ils n'y paraissent. Car l'objectif n'est pas de désigner un coupable idéal, mais plutôt de chercher à analyser les raisons pour lesquelles nous serions conditionnés à aimer un pays et à en haïr un autre, alors que la condition des Afro-Palestiniens est dévaluée dans les deux partis.

Les proPalestiniens commettent ainsi l'erreur de ne jamais chercher à remettre la cause palestinienne en question. Israël doit demeurer l'ennemi à abattre et comprendre les complexités qui le constituent ferait de l'individu un sioniste à part entière. Or, la Palestine n'est pas une terre d'opprimés puisque les

Palestiniens sont eux-mêmes les oppresseurs des Afro-Palestiniens vivant sur leurs territoires. Ces derniers sont victimes du racisme, de l'oppression, ostracisés et moqués pour leur couleur de peau par leurs concitoyens arabes blancs.

Il règne en Palestine la même négrophobie que dans le reste du monde arabe. L'homme Noir y est perçu comme un être inférieur devant être dominé. À Gaza, les mariages mixtes ne sont pas encouragés. Mais comme pour tous les autres pays du monde arabe, ce racisme anti-Noir qui sévit subit le silence et la fausseté du proPalestinien. Si celui-ci demeure silencieux face au racisme de la Palestine envers les citoyens noirs, c'est qu'il a intégré lui-même cette même attitude méprisante envers l'homme de couleur. En effet, il est devenu invisible, car toujours relégué au troisième rang. Et sa souffrance importe moins que celle des autres. S'il ne se plaint pas, alors la douleur de son expérience n'existe pas. Par conséquent, puisqu'il vit dans l'humiliation depuis des siècles, le proPalestinien ne juge pas important de la défendre. Parler du racisme palestinien reviendrait à dire qu'Israël n'est donc pas un État aussi hostile qu'il n'y paraît et que c'est dans cette nouvelle guerre idéologique et géographique qu'extraire la Palestine de la vision romanesque est un problème. Or, les activistes n'hésitent pas à utiliser les crimes commis par les Israéliens à l'encontre des noirs juifs pour convaincre les noirs Américains de résister contre l'État hébreu. En effet, puisque ces derniers ont été soumis à l'esclavage et ont été souvent victimes de racisme, ils sont bien plus sensibles aux cas d'individus ou de groupes sociaux rejetés, car cela fait écho à leur propre existence. Ainsi, les Noirs juifs sont tantôt oubliés, tantôt utilisés par les groupes propalestiniens pour diffuser de fausses informations afin d'attaquer Israël. Mais quelle est la place des Beta Israel dans ce conflit? Les Éthiopiens-Israéliens sont les plus grands patriotes sionistes et combattants dans l'armée du Tsahal, mais aussi les premières victimes de la brutalité policière d'Israël. Leur identité est à l'image du pays. Elle n'est pas figée et évolue constamment, les individus étant à la recherche d'un parfait équilibre et sans compromis identitaire.

La société israélienne se révèle raciste pour tous les nouveaux groupes d'immigrés juifs arrivant dans le pays. Chaque nouvelle population amène son lot de rejet et d'exclusion, avant qu'un autre groupe n'arrive et ne subisse le même sort. Les Éthiopiens ont été victimes d'une éviction, mais surtout d'une adaptation culturelle difficile. Ces derniers sont arrivés en Israël dans une nouvelle société juive, blanche et eurocentrée. Ils ont vécu un choc culturel et ont dû tout mettre en œuvre pour que leurs enfants s'intègrent au plus vite. Pourtant, bien que Juifs, ils ont gardé en leur cœur la culture éthiopienne. Mais face à l'entité sioniste, ils ont été fortement encouragés à abandonner la complexité de leurs traditions éthiopiennes pour devenir des Israéliens à part entière.

À présent, ils évoluent dans la contradiction et l'influence de plusieurs courants identitaires qui favorisent la confusion. Et c'est probablement en leur sein que le sentiment anti-arabe y est le plus fort. En effet, afin de prouver leur fidélité à la terre d'Israël et par peur du rejet, l'Arabe est devenu leur plus grand ennemi, bien que celui-ci n'ait jamais fait preuve d'aucune animosité envers eux. Aujourd'hui encore, les Afro-Palestiniens de Jérusalem dénoncent souvent l'attitude agressive et arrogante de la part des Juifs éthiopiens, se montrant bien plus discriminants que les autres. Le sentiment de haine à l'égard des Arabes leur confère un sentiment de supériorité qui au fond les rassure face à la peur de l'exclusion à laquelle ils font face dans la société israélienne.

Par pure stratégie politique, les proPalestiniens appellent les noirs à rejoindre leur révolte. Mais puisque ces derniers sont accablés par le sort palestinien en proie aux atrocités, ils ne se pencheront jamais sur les vérités du conflit, car bien trop épris d'émotions. Dans tout ce mépris de la condition afro-palestinienne, le proPalestinien s'avère donc être pire que l'entité israélienne qu'il veut combattre. Il pense que les Afro-Palestiniens sont des sujets méprisables et déshumanisés et établit des hiérarchies sociales entre ceux que l'on doit entendre et ceux qui ne méritent pas d'être écoutés.

La solidarité politique des pays du Maghreb pour la Palestine sonne comme une anomalie dès lors que les gouvernements et les peuples maghrébins adoptent la même attitude reprochée à Israël. Si l'État hébreu est considéré comme l'incarnation suprême du racisme, alors les pays du Maghreb solidaires du sort palestinien doivent reconnaître leur négrophobie. Les Lybiens ne se sont-ils pas rendus eux-mêmes coupables d'esclavage moderne sur leurs marchés? Le gouvernement algérien n'a-t-il pas maltraité des immigrés clandestins venus du Mali et cherchant à rejoindre l'Europe? Et que dire de la Traite arabo-musulmane qui dura plus de 1400 années et est aujourd'hui reconnue par les autorités maghrébines et arabes de la péninsule?

Le pro-palestinien, qu'il soit arabe ou simple occidental de gauche, a une démarche égocentrique qui romantise une situation politique, l'objectif étant de faire de lui un héros par la culture de la révolte. Ainsi, si le racisme doit être démasqué, alors qu'il le soit dans toutes les sociétés, pas uniquement en Israël.

Conclusion

Les populations noires natives d'Israël et de Palestine n'ont pas toutes disparu.

Assise sur la plaque tectonique africaine, la région du Levant est associée à l'Afrique du Nord-est. Et malgré les diverses migrations de peuplades adjacentes, l'existence de noirs ne peut s'expliquer uniquement par l'esclavage. Cette justification n'est qu'un désir de plus visant à nourrir l'exclusion d'une communauté. Isolée et évoluant dans le silence et l'ignorance des médias, elle a été victime d'un processus d'apartheid brutal depuis 1947. Toutefois les Afro-Palestiniens, eux, subissent le rejet des deux partis, aussi bien palestinien qu'israélien.

Dépourvus de pouvoir politique et dans l'incapacité de se souvenir de leurs origines, ces Palestiniens ont été abandonnés par les activistes au logo négrophobe craignant de remettre leurs institutions en question par simple peur d'être découverts comme étant aussi racistes que le parti israélien contre lequel ils se révoltent.

À ce jour, les noirs de la région, qu'ils soient en Syrie dans le bassin Yarmouk, en Irak à Basra, en Jordanie, en Israël et en Palestine, souffrent d'une grande invisibilité et d'un manque de reconnaissance. À cela s'ajoute la paupérisation accentuée par le choc de la guerre et des différents conflits. Sans que cela n'émeuve le moindre individu étranger.

Sources

(1) Harpers *Dictionary of Classical Antiquities, Thruston Peck, Harry, 1898, New York*

(2) *Dictionnary of Greek and Roman Geography,* William Smith, LLD, Editions, 1854

Articles

(3) « Ancestral heterogeneity of ancient Eurasians », BioRXiv, The Preprint Server for Biology, by Daniel Shriner now published in Frontiers in Genetics, 2018

(4)« Oldest African human genomes sequenced », Nature Middle East, par Meredith Brand, 28 Mars 2018
and «The questionable contribution of the Neolitihic and the Bronze Age to European craniofacial form», PUBMED.gov, BRACE CL, QUINTYN CB, FOX SL MANOLIS, Museum of Anthropology, University of Michigan, supervised by Ann ARBOR

(5) «Egyptian artifacts found in Southern Israel», ARCHEOLOGY MAGAZINE, April 2nd, 2015

(6) «Israel finds Egyptian artifact while swimming south of Haifa» by Al-Masry Al-Youm, EGYPT INDEPENDANT, 6 february 2020

(7) «The Relations between Egypt and the land of Canaan during the Third Millenium B.C.» AMNON BEN-TOR, American Journal of Archeology, Vol 85 n4 (October 1981) pp. 449-452, published by ARCHEOLOGICAL INSTITUTE OF AMERICA

(8) «How White were the Israelites? Facial reconstruction may be

surprising, Haaretz, 14.11. 2008 by OFRI ILANY»

(9) « Japheth », Jewish Virtual Library, source Encyclopaedia Judaica, 2008 [consulté le 13.08.20]

(10) «The Relations between Egypt and the land of Canaan during the Third Millenium B.C.» AMNON BEN-TOR, American Journal of Archeology, Vol 85 n4 (October 1981) pp. 449-452, published by ARCHEOLOGICAL INSTITUTE OF AMERICA

(11) « Is 'Kushim' a racist Israeli

term for Blacks ? », Forward, June 15[th, 2014]

(12)   The Racial Philosophy of Ibn Khaldun, Dov er Cedric (1940-1956), vol 13. N2 (Snd Qtr, 1952) pp.
107-119 published by Clark Atlanta University